Von der Kunst des Schießens

Christin Fank

Christin Fank

Von der Kunst

des Schießens

Was Sportschützen von den japanischen

Kampfkünsten lernen können

Bibliografische Informationen der Deutschen Nationalbibliothek:
Die Deutsche Nationalbibliothek verzeichnet diese Publikation in
der Deutschen Nationalbibliografie; detaillierte bibliografische
Daten sind im Internet über dnb.dnb.de abrufbar.

Verlag: BoD • Books on Demand GmbH, In de Tarpen 42,
        22848 Norderstedt
Druck: Libri Plureos GmbH, Friedensallee 273, 22763 Hamburg

ISBN: 978-3-7597-7616-7

Inhaltsverzeichnis

Vorwort

Nicht nur im Japanologiestudium, auch in der japanischen Populärkultur stolpert man immer wieder über das Konzept 'Bushidō'[1] und die verschiedenen Kampfkünste. Da fragt man sich als langjährige Schießsportlerin: Warum ist Schießen mit Feuerwaffen eigentlich keine Kampfkunst? Insbesondere da Bogenschießen eine ist. In diesem Buch sollte dieser Frage ursprünglich nachgegangen werden.

Jedoch ist die überraschende Antwort darauf: Es ist eine! Hōjutsu, die Kunst des Schießens, ist jedoch eine recht unbekannte Kampfkunst. Vor allem außerhalb Japans ist sie so gut wie nicht bekannt. Schaut man sich diese Kampfkunst jedoch näher an, insbesondere ihre modernen Formen, so scheint ihr wenig von der Mystik innezuwohnen, die gerade hier im Westen mit ostasiatischen Kampfkünsten assoziiert wird. Was schade ist, da sich durch eine solche Betrachtung eine

---

1 武士道 - «der Weg des Kriegers»

ganz neue Ebene des Sportes eröffnen könnte. Gerade im Breitensportbereich würden sich ganz neue Möglichkeiten ergeben.

Als studierte Japanologin und ausgebildete Trainerin im Schießsport liegt es natürlicherweise in meiner Biografie, diese beiden Themen zusammenzuführen. Dieses Buch wird erläutern, warum das Schießen, insbesondere der moderne Schießsport, durchaus das Potential einer Kampfkunst hat und wie er durch diese Implementierung profitieren kann.

Es sei an dieser Stelle darauf hingewiesen, dass der Ausgangspunkt der Betrachtungen das Luftgewehrschießen sein wird. Das schließt jedoch nicht aus, die Schlussfolgerungen auf das Gewehrschießen im Allgemeinen und auch das Pistolenschießen zu übertragen.

Außerdem verlangt es der Geist unserer Zeit, dass hier darauf hingewiesen wird, dass in diesem Buch auf das Gendern verzichtet wird. Werden explizit weibliche Schützen gemeint, wird das Wort 'Schützinnen' verwendet. Ansonsten wird der Begriff 'Schütze' und ähnliche männliche Bezeichnungen und Pronomen im Sinne des generischen Maskulinum verwendet. Frauen nehmen sowohl im Schießsport als auch in den Vereinen des Deutschen Schützenbundes schon lange keine untergeordnete Rolle mehr ein. Daher sind wir selbstbewusst genug und haben es nicht nötig unsere Stellung durch Begrifflichkeiten künstlich zu erhöhen, sodass wir uns im Sinne der Gleichberechtigung ganz selbstverständlich zu der Gemeinschaft der 'Schützen' zählen.

1.

Philosophie im deutschen Schießsport

2015 wurde das Deutsche Schützenwesen in das Deutsche Verzeichnis des immateriellen Kulturerbes der UNESCO aufgenommen. Anhand dieser Wertschätzung ist eine tiefe Verwurzelung der Schützentradition in der Gesellschaft zu erkennen. Doch wird bei der Begründung einzig auf das Brauchtum, im Wesentlichen ausgedrückt durch die Schützenfeste, eingegangen. Der sportliche Aspekt des Schießens wird nur in Zusammenhang mit dem Königsvogelschießen, was ebenfalls ein Bestandteil der Tradition ist, erwähnt.[2]

Auch in der Praxis lässt sich diese Trennung zwischen Sport und Tradition zwischen den einzelnen Vereinen erkennen. Beispielsweise sollen hier einmal die Vereine des Landkreises Oberhavel in Brandenburg genannt sein. Während einige Schützenvereine des Kreises ihre

---

2 Vgl. Deutsche UNESCO-Kommission e.V 2018 (online)

Tradition auf die ursprüngliche Gründung im 19. oder 18. Jahrhunderts zurückführen, wurden andere Vereine erst nach der Wiedervereinigung in den 1990er Jahren als Sportschützenvereine gegründet. So finden bei den Traditionsvereinen Schützenfeste statt, wohingegen dieses Highlight bei den Sportvereinen fast gänzlich fehlt. Dafür sind die Mitglieder der Sportvereine regelmäßig bei Deutschen Meisterschaften vertreten und nehmen mit Mannschaften an Landes- und Bundesliga teil, während Schützen aus den Traditionsvereinen seltener bei Landesmeisterschaften anzutreffen sind. Diese Unterscheidung zwischen Traditions- und Sportvereinen mag in dieser Region Deutschlands durchaus der unterbrochenen Tradition zwischen 1945 und 1990 geschuldet sein und somit im Westen Deutschlands weniger stark ins Gewicht fallen. Es zeigt aber auch ein ungenutztes Potenzial, könnte das Vereinsleben doch vielfältiger gestaltet werden, würde man sich nicht nur auf einen Aspekt beschränken.

Ein ebenso ungenutztes Potenzial bilden philosophische Betrachtungen des Schießsports. Auf den ersten Blick mag dies nur für Philosophen und Theoretiker interessant sein. Doch findet eben diese Philosophie in den immer beliebter werdenden ostasiatischen Kampfkünsten praktische Anwendung. Diese Kraft des Schießsports ungenutzt zu lassen ist widersinnig.

Wer aber nach Publikationen zur Philosophie im deutschen Schießsport sucht, muss tief graben. Natürlich wird oft erwähnt, wie viel das Schützenwesen zum gesellschaftlichen Leben beiträgt und wie es die Jugend fördert. Doch der Schießsport, also das Schießen an sich bleibt dabei außen vor.

Und doch gibt es sie. Im Almanach des Fördervereins Deutsche Schützentradition aus dem Jahr 1996 erschien ein Artikel mit dem Titel 'Schützen und Schießen – eine Philosophie'. Hans-Joachim Beck setzt sich in diesem kurzen Text genau mit den Kernpunkten auseinander, die auch in diesem Buch bearbeitet werden sollen. Er vergleicht das Schießen sogar mit Kampfsportarten, auch explizit asiatischen Kampfsportarten.[3]

Ein Kernpunkt seiner Erläuterungen ist das Verhältnis des Schützen zu seiner Waffe. «Die Verschmelzung des menschlichen Körpers mit einem technischen Gegenstand zum Zwecke höchster Harmonie dieser Einheit mit dem Geist ist ein berauschendes Gefühl. (…) Wenn man dann die Waffe ihrem Koffer entnimmt, sie berührt, dann ist das Erfühlen des Schaftes oder des Laufes nicht anders, als die feinfühlige Berührung der Haut eines lebenden Wesens.»[4] Beck vergleicht diese Beziehung mit der eines Violinisten zu seinem Musikinstrument. Und auch dem Anlegen der Schießkleidung eines Gewehrschützen misst er besondere Bedeutung bei. Er nennt es eine kultische Handlung, mit der sich der Schütze von seiner Umgebung abschirmt.[5] Die meisten Schützen werden

---

3 Vgl. Beck 1996, S. 93
4 Beck 1996, S. 91
5 Vgl. Beck 1996, S. 91

eine besondere Beziehung zur eigenen Waffe bestätigen können. Wenn auch nicht so bewusst und intensiv, wie Beck sie hier beschreibt, so hat sich der Schütze doch mit ihr durch unzählige Trainingsstunden gequält, hat sich stundenlang damit beschäftigt, die Waffe richtig einzustellen und hat vielleicht so manch aufregenden Wettkampf gemeinsam bestritten. Hat ein Schütze keine oder eine schlechte Beziehung zu seiner Waffe, wird sich das immer in seinen Leistungen widerspiegeln.

Gründe für schlechte Leistungen sieht Beck oft auch in einer schlechten seelischen Verfassung des Schützen, beispielsweise in der Angst zu Versagen.[6] Hier steht seine Auffassung im klaren Gegensatz zu den Autoren des Buches «Die Psyche des Schusses», die, obwohl sie sich mit den psychischen Komponenten des Schießens auseinandersetzen, die Ursache von Fehlern immer in der Bewegungsführung, also in technischen Aspekten, sehen.[7] Daran wird sichtbar, dass sich Beck mit einer

---

6 Vgl. Beck 1996, S. 92
7 Vgl. Reinkemeier, Bühlmann 2010, S. 5

ganz anderen Ebene des Schießens befasst. «Nur das ist die Wahrheit in diesem Sport. Kein anderer Mensch, kein Konkurrent kann direkt auf die Leistung des Schützen Einfluss nehmen. Er selbst kann mit sich und seinen Gedanken, mit seiner Konzentration, seiner Selbstkontrolle und Selbststeuerung seine Sehnsucht erfüllen.»[8] Diese Sehnsucht ist laut Beck der Treffer in die Zehn, wobei sich dieses Verlangen nach jedem Treffer erneuert, um die daraus resultierende Zufriedenheit noch einmal zu empfinden. Dabei spiele auch eine entscheidende Rolle, dass durch den eigenen Erfolg niemand zu Schaden kommt.[9] «Jahrhunderte des Erlebens der möglichen Vernichtung von Leben durch den Schuss haben verdeckt, welche inneren Kräfte das Schießen im Menschen fördern kann.»[10] Hier grenzt er das Schießen klar von Kampfsportarten, auch asiatischen Kampfsportarten, ab, deren wahrer Wert in

---

8 Beck 1996, S. 92
9 Vgl. Beck 1996, 91-93
10 Beck 1996, S. 93

der Verwirklichung des Aggressionstriebes liege.[11] Letzteres weist darauf hin, dass Beck trotz dieses starken Gegensatzes, den er zwischen Kampfsport und Sportschießen sieht, doch erkennen muss, dass es gewisse Parallelen gibt. Es wird deutlich, dass er hier die Kampfsportarten nicht im Sinne der Kampfkünste meint, ja ein solches Verständnis dieser nicht im Blick hat.

Ein weiterer Kernpunkt sind für Beck die Emotionen, die aus einem Zugehörigkeitsgefühl bedingt durch die Tradition des Sports und der Vereine resultieren. Ausgedrückt werden diese unter anderem durch das Tragen des Schützenrockes als Zeichen einer Lebensphilosophie.[12] «Trotz vieler Ressentiments durch Unkundige, trotz vieler politischer Verleumdungen beherrscht den Schützen stets das Gefühl, dass nichts und niemand diesem Status etwas anhaben kann.»[13] Für Beck sind der Schießsport und der Verein mit seinen

---

11 Vgl. Beck 1996, S. 93
12 Vgl. Beck 1996, S. 93
13 Beck 1996, S. 92

Traditionen eng verbunden und nicht trennbar.

In 'Wir sind Schützen' aus dem Jahr 1961 veröffentlichte Dr. Adolf Metzner einen Beitrag unter dem Titel «'Zen' und der 'Zweite Weg'». Mit 'Zweiter Weg' ist hier der Gesundheitssport und Kampf gegen Zivilisationskrankheiten gemeint. Dafür seien Zen-Buddhistische Übungen interessant, wie sie beispielsweise im japanischen Bogenschießen trainiert werden. Er stellt heraus, dass es einen wesentlichen Unterschied zwischen dem japanischen und dem westlichen Bogenschießen gibt. Während der Bogen im Westen nur als Schusswaffe gesehen wird, wird ihm in Ostasien auch die Zartheit eines Musikinstrumentes zugeschrieben. Während im Kyūdō[14] das Ergebnis auf der Zielscheibe nicht über der geistigen Verfassung steht, wird im westlichen Sport das Ergebnis geradezu vergöttert. Leider bleibt Metzner dabei, dieses Prinzip für den Bogensport zu beschreiben.[15]

---

14 Japanisches Bogenschießen (弓道)
15 Vgl. Metzner 1961, S. 101-102

Es fällt also auf, wenn es um Philosophie im Schießsport geht, wird schnell der Vergleich zum japanischen Bogenschießen und anderen asiatischen Kampfsportarten gezogen. Es gibt einige Ansätze, sich philosophisch mit dem Schießen auseinanderzusetzen, diese nehmen im Diskurs jedoch einen verschwindend geringen Teil ein.

2.

Japan und Feuerwaffen

In der Geschichte Japans nehmen Feuerwaffen eine zwiespältige Rolle ein. Das Schießpulver kam bereits im 9. Jahrhundert von China nach Japan. Dennoch blieben die damals primitiven Waffen noch begrenzt. Einen wahren Aufschwung erfuhren sie im 16. Jahrhundert, als portugiesische Abenteurer die ersten Arkebusen mit nach Tanegashima brachten, die ihnen vom dortigen Daimyō[16] abgekauft wurden. Dieser wies seine Schmiede an, die Waffen nachzubauen. 10 Jahre später wurden sie überall in Japan hergestellt. In den Kämpfen zur Reichseinigung[17] gewannen Feuerwaffen immer mehr an Bedeutung. Doch mit dem Beginn der Edo-Zeit[18] und der damit einhergehenden Zeit des Friedens nahm ihre Bedeutung wieder ab. Es wird oft darauf hingewiesen, dass die Benutzung von Feuerwaffen den Riten der Samurai[19] entgegenstehen würde. Doch im Grunde waren sie eine Bedrohung für die neu entstandene Zentralregierung. Sie waren einfach zu bedienen und konnten aus weiter Entfernung töten. Um also die lokalen Kriegsherren zu schwächen, wurde die Produktion von Feuerwaffen eingeschränkt. Später durfte nur die Regierung Aufträge an die noch wenigen Büchsenmacher vergeben. So sind diese wenigen Exemplare meist wertvolle, verzierte Objekte

16 Lokaler Herrscher im feudalen Japan.
17 1573-1603
18 1603-1868
19 Mitglied des japanischen Kriegerstandes. In Japan selbst ist die Bezeichnung Bushi (武士) geläufiger.

für wohlhabende Besitzer, die eher für den privaten Gebrauch, beispielsweise zur Jagd, gedacht waren, als für den Einsatz in Kriegen. So kam es dazu, dass die Japaner zur Verteidigung gegen die Amerikaner unter Matthew Perry 1853, die Japan zur Öffnung zwingen wollten, nur ein paar antiquierte Kanonen zur Verfügung hatten.[20]

Tatsache ist, dass auch die Samurai Feuerwaffen nutzten. Im Jahr 1567 stufte der Feldherr Takeda Shingen sie sogar als wichtigste Waffe ein, sodass er die Anzahl der Lanzen zu Gunsten von Gewehren verringerte.[21] Doch im Frieden der Edo-Zeit wandte sich die Kriegerklasse wieder anderen Waffen, wie dem Bogen und insbesondere dem Schwert, zu.

Nachdem die Produktion von Schusswaffen bereits in der Edo-Zeit fast ausschließlich über die Regierung lief, setzte sich dies in der darauf folgenden Meiji-Zeit[22] mit der Modernisierung des Militärs fort. Selbst die heutige

---

20 Vgl. Cummins 2022, S. 173-175
21 Vgl. Perrin 1982, S. 27
22 1868-1912

japanische Polizei setzt Schusswaffen nur sporadisch ein. Heute ist der Besitz von Feuerwaffen in Japan, mit der Ausnahme von Sportwaffen, generell verboten. Potentielle Käufer müssen eine psychologische Untersuchung absolvieren und werden von der Polizei überprüft. Der Aufbewahrungsort muss der Polizei genau mitgeteilt werden. Händler sind verpflichtet, den Kauf von Munition zu melden.[23]

Sportlich sind die etwa 10.000 Schützen in der Japan Rifle Shooting Sport Federation organisiert. Ihr Zweck ist es, den Schießsport bekannt zu machen und zu fördern, um so zur körperlichen und geistigen Gesundheit der Menschen beizutragen. Die JRSA ist Mitglied der ISSF, Japanischen Olympischen Komitees und der Japan Sports Association. Der Dachverband schickt seine Sportler seit 1952 (Helsinki) zu den Olympischen Spielen.[24]

---

23 Vgl. Knüsel 2023 (online)
24 Vgl. Japan Rifle Shooting Sport Federation 2022 (online)

3.

Schießen ist Kunst

In der eigentlichen Wortbedeutung sind die japanischen Künste 'Wege' (道 -dō). So heißt beispielsweise die Kunst des Bogenschießens im Japanischen Kyūdō (弓道), also wörtlich übersetzt 'Weg des Bogens'. Dies impliziert, dass sie über die bloße Erlangung der Fertigkeit, die Kunst auszuüben, hinaus gehen. Ihnen wohnt eine tiefe Philosophie inne.

Um zu ergründen, ob Schießen eine Kunst im Sinne eines 'Weges' sein kann, muss zuerst geklärt sein, was genau die anderen japanischen Künste dazu macht. Horst Hammitzsch beschreibt als 'Weg' die Tradition einer Kunst, ohne die sie nicht lebensfähig ist. Sie hat sich von alters her entwickelt, langsam gefestigt und wird nun in ihrer jetzigen Gestalt weitergegeben.[25] In der Heian-Zeit[26] galten alle Studien und Künste als

---

25 Vgl. Hammitzsch 1957, S. 5
26 794-1185

'Weg'. Jedoch erfuhren diese Kunstfertigkeiten insofern eine Differenzierung, dass jede nach einem eigenen 'Weg' strebt, abgestimmt auf das Praktizieren und Theoretisieren der jeweiligen Kunst. Erst in der Kamakura-Zeit[27] erlangte der geistige Gehalt neben der reinen Kunstfertigkeit an Bedeutung. Sie erhielten eine Allgemeingültigkeit, allgemeine Wahrheiten und Lehren, die auch für Laien interessant waren.[28] Ihren geistigen Gehalt erhielten sie durch die Verbindung mit dem Zen-Buddhismus. Dabei geht es um die «Erkenntnis der letzten Wahrheit durch intuitive Erfahrung»[29]. Als Mittel dazu dienen Selbstschulung und Meditation in der Ausübung der jeweiligen Kunst. Obwohl es einer solchen nicht unbedingt bedarf, da auch die geringste Alltagsarbeit, wie beispielsweise das Fegen des Gartens, ein Weg zur Erkenntnis sein kann.[30] So wirkt die Erkenntnis, die in der Kunst erlangt wurde,

---

27 1185-1333
28 Vgl. Hammitzsch 1957, S. 8-9
29 Hammitzsch 1957, S. 12
30 Vgl. Hammitzsch 1957, S. 12

bis in den Alltag hinein.

An Tradition mangelt es dem Schießsport auf keinen Fall. So werden Feuerwaffen abgesehen von ihrem militärischen Zwecke seit Mitte des 14. Jahrhunderts in den Schützengilden auch für Preisschießen benutzt.[31] Jedoch schreibt man dem Schießen nicht die gleiche kulturelle Tiefe zu, wie es bei den japanischen Künsten der Fall ist, da es nicht mit einer Philosophie wie dem Zen verknüpft ist. Dass es neben dem sportlichen Aspekt aber durchaus das Potential für einen 'Weg' hat, soll zunächst über den Vergleich mit anderen veranschaulicht werden.

Am ehesten ist das Schießen mit dem Bogenschießen vergleichbar. Hier im Westen wurde das japanische Bogenschießen (Kyūdō) unter anderem durch das Buch 'Zen in der Kunst des Bogenschießens' von Eugen Herrigel bekannt. Er postuliert, dass Kyūdō in Japan weniger als Sport, denn als kultische Handlung verstanden wird, während Europäer kaum bereit sind,

---

31 Vgl. Michaelis 1985, S. 49

mehr als den Sport im Bogenschießen zu sehen.[32] Daher rührt auch der wesentliche Unterschied zwischen Kyūdō und westlichem Bogenschießen. Während die japanische Kultur vom Zen durchdrungen ist, ist er für Europäer nur schwer zu verstehen. Im Kyūdō jedoch könne man erfahren, was nicht in Worte zu fassen ist.[33] Die Kunst ist für ihn eine Zeremonie. «Indem Sie also die Zeremonie wie einen kultischen Tanz darstellen, erreicht Ihre geistige Wachheit die höchste Kraft.»[34] Betrachtet man den Ablauf beim Sportschießen insgesamt oder auch nur eines Schusses, lässt sich auch hier der kultische Tanz entdecken, der es zu einer Zeremonie werden lässt.

Kyūdō nimmt eine Sonderstellung unter den japanischen Kampfkünsten ein, da sie keine direkte Anwendung im Kampf oder Selbstverteidigung mehr findet. Die grundlegenden Prinzipien und Philosophien der anderen Kampfkünste finden sich aber auch hier.

---

32 Vgl. Herrigel 2011, S. 10
33 Vgl. Herrigel 2011, S. 15-19
34 Herrigel 2011, S. 68

Das gilt jedoch ebenso für den Weg des Tees (茶道 - chadō). Daher bleibt nur die Zuordnung zu den Kampfkünsten auf Grund des sportlichen Charakters von Kyūdō. Und letztlich stellt sich der Bogenschütze doch einem Gegner: sich selbst.

Ebenso verhält es sich mit dem Gewehrschießen. Man würde wohl kaum darauf kommen, das Schießen zu Kampfsportarten, wie Ringen oder Boxen zu zählen. Was sie verbindet, ist allein die Einordnung als Sport, auch wenn sie von ihren Charakteren völlig unterschiedlich sind.

Ganz anders sieht es mit Kendō[35], dem japanischen Schwertkampf, einer der bekanntesten Kampfkünste Japans, aus. Kendō ist sowohl Sport als auch Kampfsport. In der Edo-Zeit, also einer Zeit des Friedens, wurde das Schwert das Symbol der Samurai schlechthin.[36]

«Es ist im allgemeinen die Aufgabe der Schwertkunst,

---

35 剣道
36 Vgl. Cummins 2022, S. 189-190

in erster Linie zu körperlicher Gewandtheit im Umgang mit dem Schwert zu erziehen.»[37] Daher entwickelten sich zahlreiche unterschiedliche Schulen, die verschiedene Formen der Schwertkunst lehrten. Dabei besteht die vollendete Schwertkunst sowohl aus dem Erlernen der technischen Finessen als auch der geistigen Erkenntnis. Diese bilden eine Einheit. Die geistige Erkenntnis zielt darauf ab, sich nicht durch Gefühle irritieren zu lassen, sodass in jeder Situation spontan und unmittelbar reagiert werden kann. Doch ein weiterer Wert der Schwertkunst liegt darin, dass sie eine Allgemeingültigkeit ihrer Gesetze postuliert, die auf alle weiteren Bereiche des menschlichen Lebens bezogen werden können.[38] Genau deswegen ist Kendō der 'Weg' des Schwertes.

Auch das Schützenwesen hat den Anspruch, insbesondere auf seine Mitglieder, aber auch darüber hinaus zu wirken. So wird in 'Wir Schützen – heute',

---

37 Kammer 2000, S. 10
38 Vgl. Kammer 2000, S. 7-10

welches zum 125. Jubiläum des Deutschen Schützenbundes erschien, der damalige Bundespräsident Dr. Heinrich Lübke zitiert: «Es erfordert sehr viel, ein wahrhafter 'Bruder' zu sein und den vollen Sinn dieses Wortes auszuschöpfen. Die Haltung der Brüderlichkeit, der echten Bruderschaft darf sich ja nicht auf jene beschränken, die in der gleichen engen Gemeinschaft stehen und in sportlicher und geselliger Hinsicht die gleichen Ziele verfolgen. Sie muß sich darüber hinaus auf alle Menschen erstrecken, die in den uns umgebenden Lebenskreisen – in der Familie, in der Nachbarschaft, in der Gemeinde, aber auch in der Gemeinschaft des Staates – der brüderlichen Hilfe bedürfen.»[39] In der gleichen Rede aus dem Jahr 1961 schließt Dr. Lübke mit folgenden Worten: «Nicht weniger wichtig (als die sportliche Waffe) aber ist die Beherrschung der moralischen Waffen, die in Wahrheit unfehlbar sind: die Waffe der Opferfreude, der Geduld, des Maßhaltens und der inneren Bereitschaft, für die

---

39 Lanz, Tallau 1987, S. 35

28

Gesamtheit einzustehen. Dazu rufe ich in dieser Stunde Sie und alle deutschen Schützen auf. Dann wird es möglich sein, das zu beschützen, zu erhalten und neu zu formen, was uns am Herzen liegt: die Freiheit und Einheit unseres deutschen Volkes.»[40]

Im gleichen Band wird der damalige Präsident des Deutschen Schützenbundes Dr. Georg von Opel zitiert: «Wir müssen bereit sein, unsere Freiheit zu opfern, um anderen eine gesunde Freizeit zu gestalten. Es soll unser Bestreben sein, den Schießsport zu fördern, den Frieden zu lieben und das Leben zu achten.»[41] Hier wird die besondere Verantwortung der Schützen für das gemeinschaftliche Leben betont. Es sei hier darauf hingewiesen, dass dies mit dem besonderen Stellenwert einhergeht, die die Schützenvereine, seien es Gilden, Zünfte oder Bruderschaften, innerhalb der Gemeinde einnehmen. Zum einen liegt dies darin begründet, dass viele Mitglieder einer Gemeinde auch Mitglieder im

---

40 Lanz, Tallau 1987, S. 35
41 Wilkens-Sannemann 1987, S. 49

dortigen Schützenverein sind. Zum anderen liegt es an der Außenwirkung der Vereine, die sich beispielsweise mit ihren Schützenfesten auch im Allgemeinen in der Gemeinde präsentieren und zum gesellschaftlichen Leben beitragen. Dies hat jedoch nicht im engeren Sinne mit dem Schießen zu tun.

Doch Dr. Georg von Opel hat sich auch mit dem Schießen als Sport beschäftigt. Beispielsweise beschreibt er den Unterschied zwischen dem Schießen und anderen Sportarten und was das für den Schützen bedeutet. Im Gegensatz zu anderen Sportlern, kann der Schütze seine Energie nicht explosiv entladen. Er muss sie vielmehr ständig unter Kontrolle haben und kanalisieren. «Man trifft bei den Schützen daher einen ganz anderen Menschentyp an als in den übrigen Sportarten. Es sind ausgewogene, bedächtige, gelassen abwägende Menschen. Man darf das nicht mit Temperamentlosigkeit verwechseln. Es ist ein Charakterzug, der mindestens im gleichen Maße, wie er von der persönlichen Veranlagung vorgeprägt ist, von der sportlichen Betätigung anerzogen wurde. Es handelt sich dabei gar nicht um ein besonders betontes Erziehungsideal, es ist lediglich im wahren Sinne des Wortes eine sportliche 'Disziplin'.»[42] Er schreibt weiter, dass im Schießsport alle Hektik automatisch ausgebremst wird. «Für den nervösen, neurotischen, gehetzten und fast ständig im inneren Gleichgewicht gestörten Mensch der Maschinenwelt kann der Schießsport eine Nervenkur sein.»[43] An Aktualität hat dieser Satz heute kein bisschen verloren, auch wenn er aus dem Jahr 1961 stammt. Opel postuliert weiter, dass die Ruhe, zu der sich der Schütze zwingen muss, um im richtigen Moment den Abzug zu betätigen für «heutige» Menschen durchaus die Wirkung einer Yoga-Übung haben und somit durchaus heilsam sein kann.[44] Er erkennt hier das Potential des Schießsportes über den Leistungssport hinaus für eine breite Masse attraktiv zu sein, indem nicht nur auf Leistung, sondern

---

42 von Opel 1961, S. 82
43 von Opel 1961, S. 84
44 Vgl. von Opel 1961, S. 82-84

auch auf gesundheitsfördernde Aspekte, sowohl physisch als auch mental, eingegangen wird. Und genau die Eigenschaften, die er den Schützen zu eigen macht - ausgewogen, bedächtig, gelassen abwägend, seine Energie kanalisierend - sind charakteristisch für die Meister der japanischen Künste. Und zwar sind sie das, was alle Künste vereint, wie man an folgender Anekdote erkennen kann.

Die Geschichte handelt von einem herrenlosen Samurai, der oft Kämpfe und Duelle provozierte. Eines Tages verwickelte er einen Teemeister in einen Streit. Also wurde ein Termin für das Duell festgesetzt, wobei der unglückliche und hilflose Teemeister sich sicher war, dass er dieses verlieren würde. Um überhaupt eine Chance zu haben, holte er sich Rat bei einem Schwertmeister. Dieser bat den Teemeister, ihm Tee zuzubereiten und nach dem Beobachten der Zeremonie eröffnete er dem Teemeister, dass für ihn keine Notwendigkeit darin besteht, den Weg des Schwertes zu erlernen. Er müsse an den Kampf nur mit der gleichen mentalen Stärke herangehen, wie an die Teezeremonie und das Schwert mit der gleichen inneren Haltung ziehen.

Zum Beginn des Duells zog der herrenlose Samurai sein Schwert aus der Scheide, während der Teemeister sein Schwert mit der gleichen Anmut nahm, mit der er Tee aufgoss und machte sich für den Kampf bereit. Daraufhin steckte der herrenlose Samurai sein Schwert zurück in die Scheide, ging auf die Knie und bat um Vergebung.[45]

Die innere Haltung ist somit allen Künsten gemein, also auch dem Weg des Tees, der weder Sport noch Kampfkunst ist. Als wichtige Kriterien der Teezeremonie gelten Reinheit, innere Ruhe, Harmonie und Ausgeglichenheit. Eine Teezeremonie findet nach festgelegten Bewegungsabläufen statt, wobei die Bewegungen immer funktional und weder gezwungen oder überflüssig sein sollen. Sie sind darauf ausgerichtet, den Tee in vollendeter Form zuzubereiten

---

45 Vgl. Cummins 2022, S. 208-209

und anzubieten. So ergibt sich ein Rhythmus der Bewegungen, die einem sehr reduzierten und abstrahierten Tanz gleichen.[46]

Gleiches gilt auch für den Ablauf beim Schießen. In dem Handbuch 'Luftgewehrschießen 2010' werden die Gesetze beschrieben, denen jede Bewegung beim Schuss folgen sollte. Demnach sollten alle Bewegungen harmonisch, richtig, genau, identisch und ökonomisch sein. «Harmonisch nennen wir eine Handlung, wenn sie mit den sie umgebenden Bewegungen im Einklang steht. (…) Richtig nennen wir eine Bewegung dann, wenn sie mit den übrigen Wahrnehmungen im Einklang ist. (…) Genau nennen wir eine Bewegung dann, wenn sie alle geforderten Einzelbedingungen erfüllt. (…) Identisch sind die Bewegungen einer Serie von Schüssen, wenn sie bei jedem Mal gleich sind. (…) Ökonomisch ist eine Bewegung dann, wenn sie mit einem vertretbaren Aufwand an Kraft, Zeit und

---

46 Vgl. Schaarschmidt-Richter 1979, S. 115-116

Konzentration erledigt werden kann.»[47] Das Gesetz der Ökonomie finden wir ebenso in der Teezeremonie, bei der die Bewegungen funktional und nicht überflüssig sein sollen. Auch die Harmonie ist ein Kriterium des Teeweges. Und wer sich eingehend mit dem Schuss- bzw. Schießrhythmus beschäftigt, erkennt auch darin einen reduzierten und abstrahierten Tanz des Schützen mit seiner Waffe.

Wenn man also diese Parallelen zu den japanischen Künsten wie Kyūdō, Kendō oder auch Chadō[48] betrachtet, muss man zu dem Schluss kommen, dass auch Schießen eine Kunst ist. Auch wenn eine konzentrierte Philosophie der Schießkunst bislang fehlte, so erkennt man doch in den kleinen, einzelnen philosophischen Fragmenten verschiedener Beiträge zum Schützenwesen und Anleitungen zum Sportschießen die Essenz eines 'Weges' im japanischen Sinne.

---

47 Reinkemeier, Bühlmann 2009, S. 11-12
48 Weg des Tees

4.

Hōdō (砲道) statt Hōjutsu (砲術)

Taucht man tief in das Thema Feuerwaffen in Japan ein, stößt man irgendwann auf den Begriff Hōjutsu[49]. Es ist eine japanische Kampfkunst, die sich mit dem Schießen, insbesondere dem Schießen mit antiken Luntenschlossgewehren und -pistolen beschäftigt. Außerdem finden sich im Internet ein paar Beiträge zu modernen Varianten des Hōjutsu. Warum sowohl diese als auch die traditionelle Form nichts mit dem 'Weg des Schießens' im Sinne eines Hōdō[50] zu tun hat, und warum der Begriff Hōdō unbedingt eingeführt und definiert werden sollte, soll in diesem Kapitel erläutert werden.

In anderen Kampfkünsten und Künsten gibt es verschiedene Schulen, die unterschiedliche Formen unterrichten. Auch im Hōjutsu gab es verschiedene

---

49 Übersetzt etwa Artilleriewesen, Geschützkunst oder auch Kunst der Schießerei.

50 砲道 - der Weg des Schießens

Schulen, auch wenn heute nur noch wenige davon überliefert sind. Zum einen ist dies die Inatomi-ryū, gegründet von Inatomi Sukenao. Bereits sein Großvater und Vater waren Büchsenmacher. Sogar Tokugawa Ieyasu[51] ließ sich von ihm in der Schießkunst unterrichten. Als Inatomi Sukenao 1611 starb, wurde die Schule von seinem Neffen fortgeführt. In einigen Städten wird diese Form der Schießkunst noch heute praktiziert und es sind Aufzeichnungen erhalten, die die verschiedenen Schießtechniken erläutern.[52]

Eine weitere bekannte Schule ist die Morishige-ryū, die auf Morishige Subeyoshi[53] zurückgeht. Die Schule bestand jedoch nur für weitere drei Generationen und verschwand danach von der Bildfläche. Erst durch Anzai Minoru[54], der unter anderem Präsident der National Rifle Association Japan war, wurde sie wieder entdeckt. Sie wird dem Publikum auch im Rahmen von

---

51 1543-1616. War ab 1603 1. Shōgun der Edo-Zeit.
52 Vgl. Shaffer 2017 (online)
53 1759-1816
54 1911-1997

Vorführungen traditioneller Kampfkünste vorgeführt, wobei sie meist den Abschluss bildet.[55]

Morishige-ryū ist auch bekannt durch die Matsumoto Castle Gun Corps. Wie im Hōjutsu üblich benutzen sie Waffen, Ausrüstung und Dokumente aus dieser Zeit. So möchten sie das feudale Japan lebendig erhalten, weshalb sie ihre Künste auch auf Events und Festivals vorführen. Auch im Internet sind sie durch ihre sowohl japanische als auch englischsprachige Website und Youtube-Videos sehr präsent.[56]

Dies zeigt, dass Hōjutsu auf eine lange Tradition zurückblicken kann, was Hammitzsch als Grundkriterium eines 'Weges' definiert.[57] Dennoch entwickelte sich das Schießen nicht zum 'Weg' (道 – dō) sondern blieb in der 'Kunst' (術 - jutsu) hängen.

Der Unterschied dieser beiden Begriffe ist nicht immer einfach zu definieren. In der einfachen

---

55 Vgl. Miliaresis 2023 (online)
56 Vgl. Okuhara 2023 (online)
57 Vgl. Hammitzsch 1997, S. 7

Übersetzung können beide 'Weg' bedeuten. Oft werden auch beide mit 'Kunst' übersetzt. Außerdem kommen sie beide in den Begrifflichkeiten des Kampfsportes vor. So gibt es sowohl Kendō als auch Kenjutsu. Jedoch hat 'jutsu' eher die Konnotation von 'Methode' oder 'Technik', wohingegen 'dō' stark mit der Bedeutung eines moralischen Leitprinzips verknüpft ist.

Auch Hammitzsch setzt sich mit dieser Unterscheidung auseinander. Eine Unterscheidung der Begrifflichkeiten setzte laut Hammitzsch erst später ein. In früheren Zeiten hat man «also den Begriff seinem Wesen nach entweder durch das Schriftzeichen 'dō' selbst oder aber durch die Schriftzeichen 'gyō' oder 'jutsu' wiedergegeben.»[58] Auch der Begriff 'Weg' sei vorerst nur im Sinne einer Kunstfertigkeit, sowohl handwerklich als auch geistig, verwendet worden. Noch seien ihm keine ethischen oder moralischen Werte immanent gewesen. Einhergehend mit der intensiveren Beschäftigung mit den Künsten, geht auch eine geistige

---

58 Hammitzsch 1957, S. 6

Untermauerung einher. So bekommt der Begriff 'Weg' in Japan durch die Verbindung mit den Lehren des Taoismus, Konfuzianismus und Buddhismus eine neue Tiefe. Über die verschiedenen Epochen hinweg verfestigt sich diese Entwicklung. War ein 'Weg' noch in der Heian-Zeit[59] nur eine Kunstfertigkeit, die erlernt werden konnte und wandte sich nur an diejenigen, die darin gebildet waren, so erhält er in der Kamakura-Zeit[60] auch allgemeingültige Wahrheiten, die auch Laien zugänglich waren.[61]

Holger Nietzhold beschäftigt sich in einem der Beiträge auf seiner Website ebenfalls mit der Unterscheidung 'dō' und 'jutsu', allerdings im Karate. Er führt aus, dass einige Karateka[62] viel Wert auf Karate als 'Weg' (Karatedō) legen, während andere betonen, dass sie Karatejutsu, also Karate in seiner ursprünglichen Intention, trainieren. Er verbindet den Begriff

59 794-1185
60 1185-1333
61 Vgl. Hammitzsch 1957, S. 6-9
62 Karatekämpfer

40

'jutsu' mit dem Erwerb von Fähigkeiten. So wurden in der Sengoku-Zeit[63] bis zum Beginn der Edo-Zeit[64], also in einer sehr kriegerischen Zeit, Soldaten in verschiedenen Waffendisziplinen wie Kenjutsu, Hōjutsu oder Taijutsu[65] ausgebildet, um sie im Kampf anzuwenden. In der friedlichen Edo-Zeit brauchten die Samurai eine Rechtfertigung, um sich weiter mit den Kampfkünsten auseinanderzusetzen. Also griffen sie den dō-Gedanken auf. So erfuhren manche Kampfkünste eine Verwandlung vom Bujustu zum Budō[66]. In der modernen Unterscheidung der Begriffe sieht er zwei Erklärungen. Zum einen ist dies der Übergang einiger Kampfkünste zum Sport. So bezeichnet 'dō' die sportliche Form, von der sich die Verwender des Begriffs 'jutsu' abgrenzen möchten. Er weist aber darauf hin, dass diese Unterscheidung konstruiert ist und durch die jeweiligen Lehrer und die Politik der

---

63 1477-1573
64 1603-1868
65 Waffenloser Kampf
66 Oberbegriff für alle früheren Kriegskünste.

Verbände forciert wird. So können die Kampfkünste an sich nichts dafür, dass beispielsweise im sportlichen Judō nur selten oder keine Schlagtechniken und im Karate nur selten Würfe und Hebel gelehrt werden. Zum anderen sei die mangelnde Relevanz hinsichtlich ihrer Straßentauglichkeit einiger Kampfkünste ursächlich. Kyūdō und Iaidō dienen heute nur noch der Meditation, da ihre praktische Anwendung nicht mehr zeitgemäß sei.[67]

Nietzhold zitiert hier auch Kanō Jigorō, den Begründer des Judō, der für seine Kampfkunst folgende drei Ebenen definiert. Zum einen das Training zur Verteidigung gegen Angriffe, zum anderen die Kultivierung von Körper und Geist und darüber hinaus als höchstes Ziel die Perfektionierung des eigenen Selbst zur Verbesserung der Gesellschaft. Judō sollte also nicht nur das Training von Kampftechniken sein, es sollte bessere Menschen hervorbringen. Laut Nietzhold stand dieser Gedanke auch bei Funakoshi Gichi, dem

---

67 Vgl. Nietzhold 2012 (online)

Begründer des modernen Karatedō, im Vordergrund.[68] «Die Einheit von Technik, Körper und Geist (Shin Gi Tai) sollte angestrebt werden, so dass Karate für mich sowohl Dō als auch Jutsu, sowohl lebensverlängernd als auch lebenserhaltend in einer Notsituation ist. Aus diesem Grund verzichtet mein Karate auf die Zusätze oder Unterscheidung von Dō und Jutsu.»[69] Indem er 'dō' das Attribut «lebensverlängernd» zuschreibt, definiert er ihn als Sport beziehungsweise als gesundheitsfördernd für Körper und Geist. Dies impliziert, dass der Sport entschärft wurde, um das Risiko für Verletzungen zu verringern. Dahingegen verbindet er 'jutsu' mit «lebenserhaltend in einer Notsituation», also der reinen Technik, auch in ihrer ursprünglichen Form und mit ihrer ursprünglichen Absicht zur Verteidigung gegen Angriffe.

Was genau bedeutet dies jetzt für die Schießkunst? Auch wenn die Unterscheidung zwischen 'dō' und

---

68 Vgl. Nietzhold 2012 (online)
69 Nietzhold 2012 (online)

'jutsu' nicht immer klar ist, so gibt es viele Argumente, warum es nötig ist, einen Hōdō zu definieren. Die Schießkunst hat sowohl in Japan als auch in Europa eine jahrhundertelange Tradition. In Japan existieren sogar Schießschulen, auch wenn sie sich hauptsächlich auf technische Aspekte konzentrieren. Demnach ist es nach der Definition von Hammitzsch ein 'dō'.

Nach den Definitionen, die Nietzhold anführt, ist es ebenfalls eindeutig. So ist die praktische Anwendung der Schießkunst außerhalb des Gewaltmonopols des Staates auf den Sport beschränkt. Diese Genese hin zum Sport ohne Gegner entspricht der Entwicklung vom Kendō und Judō, die Nietzhold beschreibt. Im Kendō beispielsweise ist die Entwicklung hin zum Sport an den Veränderungen des Sportgerätes zu erkennen. Um die Gefahren beim Üben zu minimieren, wurde schon früh mit einem Bokutō, einem Holzschwert, das in seiner Größe und Form einem echten Katana[70] gleicht, trainiert. Bereits im 18.

---

70 Japanisches Langschwert. Im heutigen Japanisch auch

Jahrhundert wurde dann das Shinai, das zunächst aus Bambus, heute auch aus Carbon bestehen kann, entwickelt, um in Verbindung mit entsprechender Schutzausrüstung sicher zu stellen, dass der Gegner nicht verletzt wird. So wird der Sport auch heute noch betrieben.[71]

Das Sportschießen machte eine ähnliche Entwicklung durch. Bereits nach dem 1. Weltkrieg wurden militärisch verwendbare Waffen in den Schützenvereinen verboten. Sie wandten sich daraufhin ganz dem Sport und somit dem Kleinkalibergewehr zu, das praktisch keinen Kampfwert hat.[72] Heute nehmen darüber hinaus Luftgewehr und Luftpistole bei Wettkämpfen einen großen Stellenwert ein. Auf Grund ihrer geringen Mündungsenergie sind diese für militärische Zwecke ungeeignet und können in den Vereinen bereits von Jugendlichen ab 12 Jahren (mit Zustimmung der Eltern) geschossen werden. Für die

verwendet als Begriff für «Schwert» allgemein.
71 Broderick 2005, S. 13-14
72 Michaelis 1987, S. 66-67

Kinder unter 12 Jahren wurden mittlerweile sogar die Disziplinen Lichtpistole und Lichtgewehr eingeführt, bei denen ohne Munition, sondern mit Laser geschossen wird. Die Luft- und Kleinkaliberdisziplinen Luftgewehr 10m, Luftpstole 10m, Schnellfeuerpistole 25m und Kleinkalibergewehr Dreistellungskampf 50m gehören heute neben den Wurfscheibendisziplinen zum olympischen Programm, weshalb sie sportlich von überragender Bedeutung sind. Auch im Schießsport wurden also immer ungefährlichere Sportgeräte entwickelt, die ausschließlich für den sportlichen Wettkampf geeignet sind.

Zieht man den Vergleich zum Judō und seinen 3 Ebenen, so ist die Schießkunst noch radikaler. Die erste Ebene, das Training zur Verteidigung gegen Angriffe, hat in der modernen Schießkunst, wie sie im Deutschen Schützenbund ausgeübt wird, keinen Platz. Hier werden allein die Kultivierung von Körper und Geist sowie die Perfektionierung des Selbst praktiziert. Im Internet allerdings finden erschreckende Formen des modernen

Hōjutsu, die eben dieses Training zur Verteidigung in den Vordergrund stellen. Auf der Seite «Martial Art of the Gun» erklärt es Jeffrey Hall zum Ziel, Kämpfer hervorzubringen, die einen Kampf flach auf dem Rücken liegend oder aus 300 Metern Entfernung gewinnen zu können. Unter der Kategorie «Real World»[73] postuliert er: «In the real world hōjutsu works!»[74] und untermauert dies damit, dass er angibt, wie viele Polizisten diese Form des Hōjutsu trainieren und wie viele Menschen sie im Dienst erschossen haben.[75] Schon allein, weil sich dies als modernes Hōjutsu bezeichnet, muss sich die Schießkunst auch begrifflich klar davon abgrenzen, denn ihr Wesen ist ein ganz anderes.

Das, was im Allgemeinen noch fehlt, ist eine Philosophie in der Schießkunst. Diese, sowie ihr Wesen wird in den folgenden Kapiteln definiert.

---

73 Deutsch: reale Welt
74 Deutsch: In der realen Welt funktioniert Hōjutsu!
75 Vgl. Hall 2023 (online)

5.

Von der Kunst des Gewehrschießens

5.1

Der Schütze und seine Waffe

Gewehr und Pistole nehmen unter den Sportgeräten zweifelsohne einen besonderen Platz ein. Sie sind nicht einfach mit einem Tennisschläger oder einem Fußball zu vergleichen. Hier liegt der Vergleich mit Schwert oder Bogen viel näher. Kurt Österle sagt über seinen Bogen: «Keine Frage: Der Bogen ist eine Waffe. Pfeile können Leid verursachen. Wir sollten uns immer bewusst sein, dass auch der Bogen uns selbst und anderen weh tun kann. Daraus jedoch den Schluss zu ziehen, ein solches Gerät nicht zu benutzen, ist für mich nicht zwingend. 'Es kommt darauf an, was man damit macht', lautete vor Jahren ein Werbespruch. Mit einem Skalpell kann ich töten, aber auch Leben retten. Mit einem Bogen kann ich töten, aber ich kann damit auch mein Leben sinnvoll verändern.»[76] Gleiches gilt für Schwert und Gewehr. Es nützt nichts, verbergen zu wollen, dass ein Gewehr ursprünglich dazu entwickelt wurde, um zu töten. Und im Gegensatz zu Schwert und Bogen wird es noch immer dazu benutzt. Dessen sollten sich Schützen auch immer bewusst sein. Dennoch liegt es auch in der Hand des Schützen, zu entscheiden, wie er seine Waffe einsetzt. «Allein der Besitz der gefährlichen Waffe verleiht ihm das Gefühl und die Aura der Selbstachtung und der Verantwortung.»[77] Das sagt Nitobe Inazo zwar über den Samurai und sein Schwert, das er weiter als ein Symbol der Macht und Entschlossenheit beschreibt, dies kann aber ebenso auf das Gewehr übertragen werden. Genau diese Selbstachtung und Verantwortung sind der erste Baustein der Schießkunst, die Grundlage der Geisteshaltung, mit der an diese herangegangen werden sollte. Damit einher geht auch die Achtung vor der Waffe

---

76 Österle 2016, S. 176
77 Nitobe 2006, S. 107

selbst. Dies wird leider im modernen Sport etwas vernachlässigt. Natürlich gehört die gewissenhafte Pflege und Reinigung der Waffe für jeden Schützen zum kleinen Einmaleins. Doch darüber hinaus hat die Waffe oft nur zu funktionieren. Dazu sei hier noch einmal Nitobe zitiert, der das Schwert auch als Seele des Samurai bezeichnet: «Als ständiger Begleiter wachsen sie ihm ans Herz und er gibt ihnen Kosenamen.»[78]

Diese ganz besondere Beziehung zum Schwert hat seinen Ursprung in seinem Gebrauch. Auf dem Schlachtfeld selber spielte es keine große Rolle. Hier waren eher Bogen, Speer und später die Feuerwaffen maßgebend. Das Schwert hingegen war die letzte Verteidigung, die im äußersten Notfall gezogen wurde. Erst in der Zeit des Friedens verdrängte das Schwert alle anderen Waffen.[79]

Auch das Gewehr ist steter Begleiter des Schützen.

---

78 Nitobe 2006, S. 108
79 Vgl. Broderick 2005, S. 13

Oft ist am Schaft zu erkennen, welche Wettkämpfe Schütze und Waffe schon gemeinsam bestritten haben. Wie wichtig Vertrauen zur eigenen Waffe ist, wird leider oft unterschätzt. In dem Trainingshandbuch «Mentale Wettkampfvorbereitung für Sportschützen» wird dieses Problem kurz unter dem Punkt Materialplanung aufgegriffen. Vor dem Wettkampf ist zu entscheiden, mit welcher Waffe der Schütze antritt. Die alte oder eine neue? Mit welcher Waffe fühlt er sich am besten? Welcher vertraut er am meisten? Es wird aber ausdrücklich darauf hingewiesen, wie wichtig es ist, sich mit seiner Waffe wohlzufühlen, da der Schütze sonst keine mentale Stärke, Selbstsicherheit und innere Ruhe entwickeln kann.[80] Mit welcher Waffe der Schütze antritt, ist immer eine individuelle Entscheidung. Jedoch kann es fatal sein, bei einem wichtigen Wettkampf mit einer neuen Waffe anzutreten. Oft berichten Schützen von langen Eingewöhnungszeiten bei neuen Waffen. Das ist auch nicht erstaunlich.

---

80 Vgl. Draksal 2009, S. 50, 66

Gerade an Sportgewehren können so viele Kleinigkeiten individuell eingestellt werden. Es braucht Zeit, die Waffe auf den jeweiligen Schützen einzustellen. Darüber hinaus braucht es Zeit, um Vertrauen in das Sportgerät zu fassen und nicht bei jedem Fehlschuss an ihm zu Zweifeln.

So nimmt die Auseinandersetzung mit dem Sportgerät einen großen Teil des Trainings ein. Und das hebt die Schießkunst auch von den meisten anderen Sportarten ab. Es ist, wie Beck sagt, die besondere Faszination, die vom Schießsport ausgeht: die Verschmelzung eines technischen Gegenstandes mit dem menschlichen Körper zu einer lebendigen Einheit.[81] «Wenn man die Waffe ihren Koffer entnimmt, sie berührt, dann ist das Erfühlen des Schaftes oder des Laufes nicht anders, als die feinfühlige Berührung der Haut eines lebendigen Wesens.»[82] Darum sollte die Waffe nicht nur als technisches Gerät betrachtet werden, sondern als

---

81 Vgl. Beck 1996, S. 93
82 Beck 1996, S. 91

Gefährte, auf den sich der Schütze verlassen kann und der mit ihm schwere und schöne Zeiten erlebt. Dieser Begleiter hat Respekt und Achtung verdient. Sei es ein kleiner Gruß beim Entnehmen aus dem Koffer, dem zärtlichen Umfassen des Griffes beim Schuss oder das behutsame Ablegen auf dem Tisch. Ist die Waffe wirklich Teil des Körpers, ist es auch kein Problem, sie auf dem Stativ liegend zu laden. Dieses Thema mit dem Begriff 'Materialplanung' zu betiteln, erscheint schon fast emotionslos. Dabei ist die Beziehung eines Schützen zu seiner Waffe durchaus emotional und sollte es auch sein. Denn nur in einer emotionalen Beziehung kann die enge Bindung entstehen, die es braucht, um die Waffe wirklich zu verstehen, um mögliche Probleme zu erkennen. Und nur so kann das nötige Vertrauen entstehen, um sich voll und ganz auf sie verlassen zu können. Nur auf Grundlage dieses Verständnisses der Waffe und des Selbstvertrauens ist es dem Schützen möglich in jeder Situation spontan und unmittelbar reagieren zu können. Die Harmonie mit der Waffe ist das Fundament jedes gelungenen Schusses.

5.2

Technik als Grundlage

Nun könnte der Eindruck entstehen, dass der Technik in dieser Betrachtung kein hoher Stellenwert beigemessen wird. Das ist ausdrücklich nicht der Fall. Die Technik ist die Grundlage jeder Kunst. Zum einen wurde bereits an verschiedenen Stellen dargelegt, dass sich alle 'Wege' (dō) aus 'Techniken' (jutsu) entwickelt haben. Jedoch gibt es bereits zahlreiche Abhandlungen und Anleitungen zur Technik des Schießens, die diese Thematik ausführlich und anschaulich erläutern. Daher soll an dieser Stelle nur kurz auf einige Aspekte eingegangen werden.

Ist beim Schießen von Technik die Rede, umfasst dies den äußeren und inneren Anschlag, das Zielen und das Abdrücken, aber auch die Atmung im Schussverlauf.

Zunächst aber zu einem ganz anderen Element: die Ausrüstung. Natürlich muss das Gewehr beziehungsweise die Pistole individuell auf den Schützen eingestellt sein, um die technischen Aspekte, wie den Anschlag, entsprechend daran anzupassen. Der Anschlag richtet sich immer nach den Voraussetzungen des Schützen, insbesondere seinen körperlichen Merkmalen, aber auch den Möglichkeiten der Waffe. Heutzutage ist es möglich, fast alles an der Waffe einzustellen und anzupassen. Selbst Sonderwünsche können mit Hilfe von 3D-Druckern erfüllt werden. Bei Schützen, die Ambitionen haben, an Meisterschaften teilzunehmen, macht das auch durchaus Sinn. Doch dürfen nicht die Schützen vergessen werden, die nur für sich aus Spaß an der Freude oder auch zur Gesundheitsförderung schießen. Diese schießen oft mit Vereinswaffen, bei denen einerseits die Möglichkeiten zur Anpassung begrenzt sind und andererseits das Verstellen einzelner Komponenten auch gar nicht gewollt ist, da verschiedene Schützen diese benutzen.

Bis auf die Visierung, die unbedingt angepasst werden muss und nach dem Training möglichst wieder in ihren ursprünglichen Zustand zurück gedreht werden sollte, müssen hier die Anpassungen über den Anschlag erfolgen. Aber ob der Schütze nun mit einer Vereinswaffe schießt oder zu den ambitionierteren Schützen mit eigener Waffe zählt, irgendwann kommt der Punkt, an der man die Gegebenheiten akzeptieren muss. Das gilt nicht nur für die Waffe, sondern auch für den Schießstand. Einige Schützen suchen die Ursache für Fehler in der Umgebung oder an der Waffe. Der Weg zur inneren Ruhe liegt jedoch darin, sowohl die äußeren Umstände, als auch die Eigenheiten der Waffe zu akzeptieren.

Was technisch wie umgesetzt werden soll, muss immer individuell angepasst werden und soll hier nicht Thema sein. Jedoch ist beim Anschlag unbedingt darauf zu achten, dass alle Elemente im Einklang sind. Nirgends im Körper sollte eine unangenehme Spannung entstehen. Genau hier liegt der wichtigste

Technikaspekt, der leider viel zu wenig trainiert wird: das Körpergefühl. Das Körpergefühl ist der wahrscheinlich wichtigste Sinn des Schützen und wird im Training doch so oft vernachlässigt. Für das Training ergeben sich hier verschiedene Möglichkeiten. Zum einen kann mit unterschiedlichen Hilfsmitteln gearbeitet, beispielsweise einer Rüttelplatte oder Luftkissen, um die Stabilität des Standes zu festigen. Zum anderen reicht es aber auch schon aus, den Fokus jeweils auf unterschiedliche Aspekte zu lenken. So können Schüsse oder auch Trockenschüsse abgegeben werden, während sich der Schütze nur auf seine Stützhand, seinen Abzugsfinger, seine Schulter, das Zielbild oder den Schussrhythmus konzentriert. So kann sich das Körpergefühl in jedem dafür verantwortlichen Körperteil einzeln entwickeln und im Gehirn gespeichert werden. Dafür sollten entweder keine Zielscheiben, rein schwarze Zielscheiben ohne Ringe oder auch Balkenscheiben genutzt werden, je nachdem was genau trainiert werden soll. Denn das

Treffen muss hier unbedingt ausgeblendet werden. Es kommt überhaupt nicht darauf an, ob der Schütze trifft. Der Körper muss darauf trainiert werden, abzudrücken, wenn die Stützhand ruhig ist. Der Körper muss darauf trainiert werden, abzudrücken, wenn das Zielbild stimmt. Der Körper muss darauf trainiert werden, abzudrücken, wenn alles passt. Das muss unbedingt einzeln trainiert werden, damit es richtig im Gehirn abgespeichert wird und der Schütze letztlich nicht mehr darüber nachdenken muss. Wenn alles bei jedem Schuss einzeln bewusst kontrolliert wird, nimmt es zu viel Zeit Gedankenkapazität in Anspruch. Der Leitsatz lautet hier: Nicht denken – tun!

Obwohl das Körpergefühl von so großer Bedeutung ist, wird es gerade im Breitensport sträflich vernachlässigt. Dies schließt auch das Gefühl für die Waffe mit ein, die im Schuss ein Teil des Körpers wird. Nur mit einem perfekten Körpergefühl kann alles im Einklang sein, sodass der wahre Meister nicht einmal mehr mit dem Auge zielen muss, um das Schwarze zu treffen.

Denn letztlich bildet die technische Ausbildung zwar die Grundlage, doch dem wahren Meister genügt das nicht. Er muss die Technik überwinden. Dann sind Schütze und Scheibe nicht mehr zwei entgegengesetzte Dinge, sondern bilden eine einzige Wahrheit.[83] Wie in jeder anderen Kampfkunst, darf sich der wahre Meister nicht an technischen Feinheiten festklammern, sondern muss über sie hinauswachsen.

5.3
Der Tanz mit der Waffe

Viele der japanischen Künste zeichnen sich durch ihren zeremoniellen Charakteren aus. Bei genauer Betrachtung ist dieser auch in der Schießkunst zu finden. Sie gleicht hier insbesondere dem Kyūdō oder dem Tee-Weg. Jede Bewegung in der Teezeremonie folgt einem festen Ablauf, sodass sich aus ihnen ein

---

83 Vgl. Herrigel 2011, S. 5

Rhythmus ergibt. So gleicht sie einem abstrahierten Tanz.[84]

In der Schießkunst wird ebenso großer Wert auf harmonische und ökonomische Bewegungen gelegt.[85] Doch die eigentliche Zeremonie beginnt schon weit vor dem eigentlichen Schuss und zwar beim Aufwärmen. Bei Schützen wird dies gerade im Breitensport oft vernachlässigt. Um den Puls nicht übermäßig zu erhöhen, sollten dafür beispielsweise leichte Tai-Chi-Übungen benutzt werden. Sie steigern das Körpergefühl, vereinigen Bewegung und Dehnung und schulen den Gleichgewichtssinn.

Der nächste Schritt ist das Anlegen der Schießkleidung. Bei Gewehrschützen kann das Anziehen der Schießschuhe, Hose und Jacke schon einige Zeit in Anspruch nehmen. Auch Beck beschreibt das Ankleiden eines Gewehrschützen als fast kultische Handlung, durch die sich der Schütze verwandelt und

---

84 Vgl. Schaarschmidt-Richter 1979, S. 115
85 Vgl. Reinkemeier, Bühlmann 2009, S. 11-12

sich auf besondere Weise von der Außenwelt abschirmt.[86] In voller Montur erinnert ein Gewehrschütze leicht an einen Samurai in seiner Rüstung. Mit dem gleichen Stolz und der gleichen Würde sollte die Schießkleidung getragen werden.

Das Anlegen sollte umsichtig erfolgen. Die Schuhe sollten fest geschnürt sein, um ausreichend Stabilität zu garantieren, jedoch nicht zu fest, um einen bequemen Sitz zu gewährleisten. Die Schießhose sollte fest um die Hüfte geschlossen werden, um sie entsprechend stützen zu können. Auch die unbedeutend erscheinenden Handlungen, wie das Schließen der Reißverschlüsse an den Hosenbeinen und das Zuknöpfen der Jacke sollte bedacht durchgeführt werden, damit später alles angenehm sitzt. Gerade im Wettkampf kann die sorgsame Ausführung des Ankleidens bereits helfen, in eine entspannte und konzentrierte Grundhaltung zu gelangen.

Nach dem Anlegen aller Bekleidung, jedoch vor dem

---

86 Vgl. Beck 1996, S. 91

Schließen der Reißverschlüsse und Knöpfe, erfolgt das Einrichten des Schießstandes. So bleibt noch ausreichend Bewegungsfreiheit, doch die Kleidungsstücke können bereits auf Körpertemperatur angewärmt werden. Das Einrichten des Schießstandes läuft natürlich bei jedem Schützen individuell ab, sollte aber immer nach dem gleichen Ablauf geschehen, sodass nichts vergessen wird. Dies beinhaltet unter anderem die Vorbereitung der Munition, das Einstellen des Stativs, eventuell Einrichthilfen für die richtige Fußstellung. Das Auspacken der Waffe erfolgt natürlich mit besonderer Umsicht. Dies alles sollte in der gleichen Geisteshaltung geschehen, in der ein Teemeister seine Utensilien bereit legt, bevor er seine Gäste hereinruft.

Im Anschluss wird die Kleidung abschließend angelegt und auch der Schießhandschuh angezogen. Nun erfolgt die Einrichtung des Anschlags. Über die Kontrolle der Nullstellung[87] erfolgt die Korrektur der

87 Bei der Nullstellung geht der Schütze in den Anschlag, wie er

Fußstellung. Mit den ersten Schüssen, beziehungsweise den Probeschüssen im Wettkampf, sollten eventuelle Nervosität und Schusshemmungen abgebaut werden. Mit den folgenden Schüssen wird der Anschlag weiter korrigiert und die Waffe eingestellt. Gerade bei Wettkämpfen auf fremdem Schießständen sollten unbedingt Anpassungen an der Optik vorgenommen werden, da unterschiedliche Lichtverhältnisse einen nicht zu unterschätzenden Einfluss haben und beispielsweise zu einer Verlagerung des Trefferbildes führen können.

Bereits bei den Probeschüssen sollte auf einen immer gleich bleibenden Schussrhythmus geachtet werden. Dieser Rhythmus bildet die eigentliche Essenz des Schießens und ist Kernpunkt der Schießkunst. In diesem Ablauf werden alle technischen Einzelheiten zusammengeführt, um am Ende im perfekten Schuss zu

---

es trainiert hat, schließt dabei jedoch die Augen. Dann öffnet er die Augen und überprüft im Zielbild, wie er im Anschlag steht. So können Korrekturen in der Vertikalen und Horizontalen vorgenommen werden.

gipfeln. Dreh- und Angelpunkt dabei ist die Atmung. Sie leitet den Schützen durch den gesamten Ablauf, gibt den Rhythmus vor, ist die Melodie des Tanzes.

Nach dem Laden der Waffe beginnt der Tanz. Einatmen – Ausatmen. Die Schaftkappe wird an die Schulter angesetzt, die Abzugshand umfasst den Griff, die Stützhand wird unter die Handstütze geführt.

Mit dem nächsten Einatmen hebt die Stützhand das Gewehr vom Stativ, mit dem Ausatmen sinkt es in den Anschlag. Durch das Vorzielen wird der Anschlag minimal korrigiert und das Zielbild vorbereitet.

Einatmen. Mit dem Ausatmen sinkt der Kopf auf die Schaftbacke. Idealerweise liegt das Ringkorn nun knapp über der 10, sodass nun noch einmal eingeatmet wird und der Schütze mit dem letzten Ausatmen, wobei hier nicht ganz ausgeatmet wird, in die 10 sinkt.

Schuss, Nachhalten. Mit der nächsten Atmung wird die Waffe wieder auf dem Stativ abgelegt und geöffnet.

Dieser Ablauf ist exemplarisch und muss individuell abgestimmt werden. Wichtig ist die volle Konzentration auf die Atmung und den Ablauf, sodass der Kopf frei von störenden Gedanken bleibt. In höchster Perfektion bleibt selbst das Auslösen des Schusses ohne bewusste Intention, sodass der Schütze den Schussablauf als Meditation erfährt, in der sein Bewusstsein versinkt.

Neben dem Schussrhythmus ist auch der Schießrhythmus, also der Ablauf des gesamten Wettkampfes, von Bedeutung. Der Schießrhythmus ist keine Aneinanderreihung einzelner Schüsse. Er zeichnet sich auch durch die Pausen zwischen den Schüssen aus. Davon abgesehen, dass auch hier noch Einstellungen an der Optik oder am Anschlag stattfinden können, dienen die Pausen zur Erholung, sowohl physisch als auch psychisch. Es ist wichtig, Augen und Muskeln zu entspannen, sodass der Ablauf ein steter Wechsel zwischen Anspannung und Entspannung ist. Ein solcher Wechsel hilft, die Konzentration aufrecht zu erhalten.

Neben den kleinen Pausen zwischen den Schüssen

sind auch größere wichtig, in denen beispielsweise getrunken wird. Auch wenn ein Schütze nicht rennt oder springt, so ist das Schießen dennoch Sport, der sowohl dem Körper als auch der Psyche einiges abverlangt. Eine angemessene Regeneration zwischen den Schüssen ebenso wie zwischen Wettkämpfen und Trainingseinheiten ist wichtiger als so mancher Hobbyschütze meint. Wie beim Klavierspielen machen auch hier die Pausen erst die Musik.

Nach dem Wettkampf oder dem Training erfolgt die letzte Phase des Tanzes. Die Waffe sichern, sie gegebenenfalls reinigen, sie verpacken. Die Schießkleidung wieder ablegen, die Ausrüstung zusammenpacken und behutsam verstauen. Sowohl diese nebensächlich erscheinenden Handlungen, als auch jeder Schuss für sich sowie die Gesamtheit der Schüsse in einer Einheit gleichen, in der richtigen Geisteshaltung vollzogen, einer meditativen Zeremonie.

Und hier besteht ein großer Unterschied zum 'normalen' Schießen, bei dem auf Grund der zeitlichen

Begrenzung im Wettkampf die Zeit eine große Rolle spielt. Auch im Training geht es oft nur darum, das Pensum abzuarbeiten. Oder es sollen so schnell wie möglich Fortschritte gemacht werden, ohne dem Schützen Zeit zur Entfaltung zu lassen. In der Schießkunst, wenn Schießen als Zeremonie zelebriert wird, spielt Zeit überhaupt keine Rolle. Eine Teezeremonie beispielsweise kann bis zu vier Stunden dauern, weil die Teilnehmer ganz darin aufgehen. Auch die Schießkunst muss frei von jeglichen zeitlichen Zwängen praktiziert werden, um seinen meditativen Charakter zu entfalten und dem Geist Raum zu geben.

5.4

Die rechte Haltung des Geistes

Der Schütze kann die Technik perfekt beherrschen, seine Waffe kann perfekt eingestellt sein, doch gerade dann gewinnt die mentale Komponente an Bedeutung.

Auch im modernen Schießtraining rückt das mentale Training immer öfter in den Fokus. Doch unterscheidet sich deren Herangehensweise an das Thema stark von dem, was in den vom Zen beeinflussten japanischen Künsten gelehrt wird. Es gibt verschiedene Anleitungen, die sich damit beschäftigen, beispielsweise 'Mentale Wettkampfvorbereitung für Sportschützen' von Michael Draksal oder 'Die Psyche des Schusses' von Reinkemeier und Bühlmann. Letzteres soll ein Lehr- und Übungsbuch zur Psychologie des Sportschießens sein, doch haben die Autoren das Buch nach eigener Aussage geschrieben, weil sie sicher sind, dass der psychische Faktor vielerorts überbewertet wird. Wenn Fehler passieren, sei die Ursache immer in der Bewegungsführung zu finden.[88] Diese Fokussierung auf die Wichtigkeit der Technik steht im Gegensatz sowohl zu Beck, der die Gründe für Fehler auch oft in einer schlechten

---

88 Reinkemeier, Bühlmann 2010, S. 5

seelischen Verfassung sieht[89], als auch zu Hoff, der Fehlschüsse im Kyūdō damit erklärt, dass oft Gedanken und Gefühle beim Schießen stören[90]. Auch ihre Herangehensweise an das Thema ist hier typisch deutsch: es wird viel mit Listen gearbeitet, die vom Leser ausgefüllt und angefertigt werden sollen. Dies steht natürlich eindeutig im Gegensatz zur ostasiatischen Lehre der Künste. Der mentale Aspekt darf nicht durchdacht werden, er muss gelebt werden.

Auch Reinkemeier und Bühlmann ist dieser Unterschied klar. Sie thematisieren ebenfalls Zen und Meditation. Um dieses Thema würden sich viele Mythen und Legenden drehen. Das Ideal der Meditation sei es, nicht zu denken. Ein solcher Zustand sei auch manchmal im Sport zu erreichen, wenn alles wie von selbst läuft und der Sportler eins ist mit seinen Handlungen. Nicht zu denken sei aber eine intellektuelle Null-Lösung, die kaum zu erreichen sei.[91]

---

89 Vgl. Beck 1996, S. 92
90 Vgl. Hoff 2021, S. 15
91 Reinkemeier, Bühlmann 2010, S. 51

Hier wird einmal mehr deutlich, dass das Konzept des Zen für viele westliche Rezipienten nur schwer greifbar ist. Natürlich ist dieser Zustand ein Ideal. Doch in allen japanischen Kampfkünsten und anderen 'Wegen' ist genau dies Grundlage und höchstes Ziel zugleich. So könnte diese ideale Geisteshaltung sowohl Mittel zum Zweck in der leistungsbezogenen als auch Ziel in der gesundheitsfördernden Sportausübung sein.

Was also zeichnet den Idealzustand aus? Yagyū Munenori[92] war der Begründer der Schwertkampfschule Yagyū-Shinkage-ryū. Ihm zufolge, solle der Schüler lernen zu vergessen, was er gelernt hat. Er solle seinen Geist disziplinieren, um ihn von der Disziplin zu befreien.[93] Genau solche scheinbaren Gegensätze erfassen das wahre Wesen der 'Wege', sind jedoch mit dem Verstand nicht zu durchdringen. Sie können allein in der Praxis erfahren und erlebt werden. «Um technisch sauber und taktisch korrekt zu arbeiten,

---

92 1571-1661.
93 Tarver 2003, S. 8

müssen Gedanken und Gefühle wach sein und diszipliniert werden.»[94], schreiben Reinkemeier und Bühlmann. Dies hört sich zwar ähnlich an, kratzt jedoch nur an der Oberfläche. Um technisch sauber zu arbeiten, müssen Technik und Gedanken überwunden werden.

Gedanken sind dem Geist eine Bürde. Alles muss mit dem Gedanken getan werden, als tue man nichts, dann werden die Bewegungen aus sich selbst heraus sanft und leicht erwachsen. In diesem Zustand des Nicht-Denkens sind Körper und Geist frei, um ohne Zögern reagieren können.[95]

Das Schießen erfolgt also unbewusst. Diesen Zustand des Unbewussten erreicht der Schütze nach Herrigel nur, wenn er von seinem Selbst vollkommen frei und gelöst ist.[96] Christensen geht sogar noch einen Schritt weiter.[97] Der Schuss soll aus dem Unterbewussten

---

94 Reinkemeier, Bühlmann 2010, S. 15
95 Tarver 2003, S. 19-20
96 Vgl. Herrigel 2011, S. 6
97 Bezogen auf das intuitive Bogenschießen

erfolgen, «ganz im Sinne von: Es schießt»[98]. Das zentrale Nervensystem und die Muskulatur wirken dann am besten zusammen, wenn der Schütze möglichst wenig bewusst agiert. Außerdem besteht durch das Training des intuitiven Bogenschießens die Chance, einen Zugang zu seinem Unterbewusstsein zu erreichen.[99] Auf das Schießen kann dies im vollen Umfang übertragen werden.

Draksal beschreibt in seinem Buch 'Mentale Wettkampfvorbereitung für Sportschützen' ein mentales Skript für den Ablauf des Gewehrschießens. Beim Punkt 6 geht es um den Schuss an sich. «Ich bin eins mit dem Ziel und erhöhe langsam den Druckpunkt, bis ich vom Schuss überrascht werde.»[100] Auch dies impliziert eine Art Nicht-Denken oder Absichtslosigkeit. Einige Trainer unterrichten dies noch so, andere haben davon Abstand genommen, da diese Art und Weise impliziert, der Schütze hätte keine volle

98 Christensen 2019, S. 8
99 Vgl. Christensen 2019, S. 115, 118
100 Draksal 2009, S. 17

Kontrolle darüber, wann der Schuss bricht. Ja, der Schütze selbst sollte vom Schuss überrascht werden, aber in dem Sinne, dass er erst in diesem Moment bewusst wahrnimmt, dass der Schuss gebrochen ist. Er darf aber nicht darüber nachdenken, wann er abdrückt. Denn es ist, wie Kurt Österle in 'Zen im Weg des Bogens' über den Schuss beim Kyūdō schreibt. Wenn der Schütze denkt «Jetzt habe ich den Punkt», hat er ihn soeben wieder verloren. Denkt er, er habe gerade alles richtig gemacht, macht er es mit eben diesem Gedanken wieder kaputt.[101] Denken ist gar nicht notwendig, wenn das Techniktraining gewissenhaft durchgeführt wurde. «Darauf also kommt es an: unvermitteltes blitzschnelles Regieren, das bewusstes Beobachten nicht mehr bedarf»[102] zitiert Herrigel den Schwertmeister Takuan, weil dies ebenso für das Bogenschießen gilt. Genauso gilt es für das Sportschießen. Der Abzugsfinger weiß, was er zu tun hat, wenn das Auge das perfekte Zielbild

---

101Österle 2016, S.109
102Herrigel 2011, S. 87

sieht, ohne dass der Schütze sich bewusst dazu entscheiden muss, ihn zu krümmen. Indem er seinen Körper darauf trainiert, was die richtige Form ist und sich beim Schuss auf Atmung und Ablauf konzentriert, ohne bewusst darüber nachdenken zu müssen, ist sein Körper frei, die Bewegungen bis hin zum Abdrücken in ihrer ganzen Eleganz auszuführen. Hier verhält es sich wie beim Tanzen. Wenn die Anfänger noch jeden ihrer Schritte bewusst ausführen, sieht es wenig elegant aus. Wenn der Profitänzer sich auf seine Schritte konzentriert, kommt er aus dem Takt. Gibt er sich aber ganz der Musik hin, wird er den Tanz in seiner ganzen Perfektion ausführen können. Auch der Pianist darf nicht bewusst darüber nachdenken, welche Taste er als nächstes mit welchem Finger anspielen muss. Er muss sich ganz dem Fluss der Musik hingeben. Auch der Schütze muss ganz in seinem Takt versinken und sich von seiner inneren Musik dahintreiben lassen. Er muss seinem Körper und seiner Waffe vertrauen und eins mit ihnen werden, ja ganz in ihnen aufgehen.

«Es bedarf jedoch der beständigen Übung der äußeren Form – bis wir Meister sind, alle Formen hinter uns lassen und aus dem Sein heraus richtig handeln»[103], schreibt Kurt Österle. Beide Komponenten, Geisteshaltung und Technik, Körper und Geist stehen sich nicht wie Kontrahenten gegenüber, sondern gehören und wirken zusammen.

Im Gegensatz zu Sportarten, wie Fußball oder Leichtathletik, darf ein Schütze nicht mit dem für Sportler üblichen Ehrgeiz ins Training gehen. «Solange der Erfolg unser Ziel ist, können wir unsere Ängste nicht loswerden, denn der Wunsch, erfolgreich zu sein, bringt unweigerlich die Angst zu versagen.»[104] Oft werden Schützen, insbesondere, wenn sie im Training ins Stocken geraten, ernst, sogar verbissen. Doch genau durch diese Haltung werden sie erst recht keine Fortschritte machen. Die passende Geisteshaltung kann also als Gleichmut bezeichnet werden. Dies hat jedoch

103Österle 2016, S. 36
104Österle 2016, S. 164

nichts mit Untätigkeit oder Nichtstun gemein, sondern mit Gelassenheit. Gleichmut ist eine Quelle der Kraft, die es ermöglicht, den Augenblick so zu erfahren, wie er ist und zu lernen, ihn zu akzeptieren.[105] Hier ist es wichtig, zu verstehen, dass diese Haltung aus den Kampfkünsten kommt. Es muss jedem klar sein, dass es ursprünglich darum ging, im Kampf zu überleben. Jedes Zögern konnte den Tod bedeuten. Es ging also darum, den Augenblick und damit auch die Möglichkeit des eigenen Todes zu akzeptieren und so frei von störenden Gedanken reagieren und überleben zu können. Glücklicherweise geht es in der Schießkunst nicht mehr um Leben und Tod. Doch bleibt der Mechanismus der gleiche. Jedes Zögern könnte Versagen - einen Fehlschuss - bedeuten. Der Schütze muss die Möglichkeit des Versagens akzeptieren, um so frei von Ängsten handeln und im richtigen Moment abdrücken zu können.

105Vgl. Österle 2016, S. 177-178

5.5

Der Wert der Schießkunst

Welchen Mehrwert bringt es also, im Schießen nicht nur einen Sport, sondern eine Kunst, einen 'Weg' zu sehen? Lars Christensen beschreibt, inwiefern das Bogenschießen, auch das westliche Bogenschießen, mehr als nur ein Sport ist. Es verbessert das Körpergefühl, die Körperwahrnehmung, die Konzentrationsfähigkeit und kann das persönliche Bauchgefühl reaktivieren. Es nutzt der Stress-bewältigung beziehungsweise der Stressprävention und entschleunigt den Lebensrhythmus. Es dient der Steigerung des Selbstbewusstseins durch die gemachten Erfahrungen, aber auch durch die aufrechte Haltung. Das Bogenschießen kann zur physischen Rehabilitation eingesetzt werden. Im Sinne des Kyūdō hat es außerdem das Potential als Mittel zur Schulung der eigenen Persönlichkeit.[106]

106Vgl. Christensen 2019, S. 20, 114

Dies alles kann auch die Schießkunst leisten, insbesondere wenn sie sich nicht mehr nur auf das Treffen konzentriert. Dies ist der 'zweite Weg', wie Metzner es nennt. Schießen als Gesundheitssport und zur Verhütung von Zivilisationskrankheiten.[107]

Für jeden persönlich kann die Schießkunst also zur Erhaltung der physischen und psychischen Gesundheit beitragen. Während das 'normale' Schießtraining mit seiner Fokussierung auf das Treffen teilweise Gefahr läuft, Stress auszulösen und durch anhaltenden Misserfolg negativ auf das Selbstwertgefühl zu wirken. Auch wenn der Misserfolg nur subjektiv als solcher empfunden wird.

Dem möchte die Schießkunst entgegenwirken. Dem leistungsorientierten Sportler kann sie eine neue Perspektive auf seinen Sport eröffnen, aus der neues Selbstbewusstsein gezogen werden kann. Außerdem kann sie im Falle eines Tiefs neue Ansätze bieten, um sich und sein Training weiter zu entwickeln.

107Vgl. Metzner 1961, S. 102

Gleiches gilt natürlich auch für den Breitensportler. Doch hier bietet die Schießkunst natürlich noch weitere Möglichkeiten. Wer das Schießen ganz im Sinne eines «Weges» betreibt, kann darin all die Vorteile finden, die Christensen auch für das Bogenschießen beschreibt. Darüber hinaus kann es als Form der Meditation dienen. Bereits 1961 beschreibt von Opel das Schießen als Nervenkur für gehetzte und neurotische Menschen, das die Wirkung einer Yoga-Übung haben kann.[108]

Aber der eigentliche Zweck der Schießkunst ist es, ganz in der Beziehung zu seiner Waffe aufzugehen, ja darin zu versinken, um so zu sich selbst zu finden. Es ist das Streben nach Perfektion, nicht nur auf der sportlichen Ebene sondern auf allen Ebenen des Geistes und doch gleichzeitig das Streben nach nichts. So kann die Schießkunst für jeden Einzelnen ein 'Weg' zum eigenen Wohlbefinden darstellen.

Auch gesamtgesellschaftlich bringt das Beschreiten des 'Weges' einen Mehrwert. Einerseits natürlich,

---

108Vgl. von Opel 1961, S. 84

indem sie Zivilisationskrankheiten vorbeugen kann. Andererseits indem sie im Sinne von Kanō Jigorō das höchste Ziel des Judō teilt: die Perfektion des eigenen Selbst zur Verbesserung der Gesellschaft.[109] Denn das Training der Schießkunst bringt im besten Falle ausgewogene und gelassen abwägende Persönlichkeiten hervor, wie von Opel die Schützen charakterisiert.[110] Solche Menschen, die noch dazu durch das Training einen Sinn für Harmonie entwickeln, werden sich auch eher den Idealen verschreiben, die von Opel für die Schützen postuliert: für andere einstehen, den Frieden lieben und das Leben achten.[111] Genau dies lehrt die Schießkunst im Idealfall. Und die Schüler werden alles Gelernte nicht nur im Training anwenden. Es wird sich auf alle Bereiche ihres Lebens und somit auf die ganze Gesellschaft, auf die ganze Welt auswirken.

Der 'Weg des Schießens' ist ein Weg zur Erkenntnis. Was genau diese Erkenntnis im Einzelnen beinhaltet,

---

109Nietzhold 2012, (online)
110Vgl. von Opel 1961, S. 82
111Vgl. Wilkens-Sannemann 1987, S. 49

kann für jeden etwas anderes sein. Es ist, wie Hammitzsch es ausdrückt: die Erkenntnis der letzten Wahrheit findet durch intuitive Erfahrung statt,[112] muss also in der Ausübung der Kunst erfahren werden. Dieses praktische Erleben beginnt insbesondere mit der Selbsterkenntnis. Wer den 'Weg' beschreitet, lernt sowohl seinen Körper und als auch seine Psyche besser kennen. Und das ist letztlich die Grundlage für jede weitere Stufe zur Erkenntnis. Dies erschließt sich aber nur denjenigen, die sich auf den 'Weg' begeben.

6.

Der Beitrag der Schießkunst zur kulturellen Identität

In Japan gehören die Künste unbestritten zur kulturellen Identität. Der Begriff 'Weg' nimmt im kulturellen und geistigen Schaffen dort eine zentrale

---

112Vgl. Hammitzsch 1957, S. 2

Stellung ein.[113] Insbesondere die Kampfkünste erfreuten sich auf Grund ihrer Verbindung zum Bushidō[114] im frühen 20. Jahrhundert wachsender Beliebtheit.[115] Nun ist Bushidō nicht unumstritten in seiner Rolle als identitätsstiftendes Konzept, da es immer wieder für die jeweilige Ideologie neu interpretiert wurde. Unstrittig jedoch ist, dass die Idee Bushidō und auch die verschiedenen Kampfkünste, wie Judō oder Kendō, auf die ein oder andere Weise Einfluss sowohl auf das Selbstverständnis der Japaner, als auch auf die Vorstellung von Ausländern in Bezug auf die japanische Identität hatte und immer noch hat. Es wird als etwas ureigen Japanisches definiert und auf alle Bereiche des Lebens übertragen, wie beispielsweise auf die Wirtschaft und sogar auf eigentlich westliche Sportarten. So heißt etwa die japanische Fußball-nationalmannschaft 'Blue Samurai' oder das Baseball-Nationalteam 'Samurai Japan'. Außerdem ist das

113 Vgl. Hammitzsch 1957, S. 5
114 武士道 ‐ Weg des Kriegers
115 Vgl. Benesch 2016, S. 164

Thema sehr beliebt in der Populärkultur der 2. Hälfte des 20. Jahrhunderts. So dient es zum Bispiel immer wieder als Stoff für die Filme des berühmten Regisseurs Kurosawa Akira.[116]

Das Schützenwesen ist bereits identitätsstiftendes Element in Deutschland und Europa ebenso wie Bushidō in Japan. Es wurde ebenfalls über die Jahrhunderte immer wieder neu interpretiert. Es ist «vielerorts wichtiger, historisch gewachsener und lebendiger Teil der regionalen und lokalen Identität»[117]. Dies wird auch durch die Aufnahme ins Deutsche Verzeichnis des immateriellen Kulturerbes der UNESCO gewürdigt. Insbesondere durch die meist jährlich stattfindenden Schützenfeste reicht ihr Einfluss über die Grenzen der Mitgliedschaft in einem Verein hinaus. Diese Feste waren schon früher und sind vielerorts immer noch heute das gesellschaftliche Ereignis des Jahres in der jeweiligen Stadt. Dort treffen

---

116Vgl. Benesch 2016, S. 232
117Deutsche UNESCO-Kommission e.V 2018 (online)

sich alle Bevölkerungsschichten.[118]

Auch für den Einzelnen ist die Mitgliedschaft im Verein identitätsstiftend. Dies wird noch verstärkt durch das Tragen des Schützenrockes bzw. der Schützen-uniform. Das Anstecken der erworbenen Ehrennadeln hebt das Individuum aus dieser Vereinheitlichung heraus, die jedoch nur innerhalb dieser Gemeinschaft eine Bedeutung haben.[119]

Dadurch reicht das identitätsstiftende Element in Schützenvereinen über das hinaus, was ein Sport an sich schon an Gemeinschaftsgefühl vermittelt. Die Schießkunst stellt eine Verbindung zwischen der sportlichen Betätigung und traditionsreichem Brauch-tum her. Darüber hinaus bietet sie eine verbindende Philosophie, die über die des Schützenwesens an sich hinaus reicht. Es hat das Potential eine ähnliche Rolle für kulturelle Identität zu spielen, wie Kendō oder Kyūdō in Japan.

---

118 Vgl. Böhm 1999, S. 79
119 Vgl. Beck 1996, S. 92

Über den sportlichen Aspekt hat es das Schießen bislang leider nicht geschafft, ins allgemeine Interesse zu rücken. Dies liegt unter anderem am Wettkampfmodus. Gerade der Vorkampf dauert lange und da es, anders als im Fußball oder Kendō keinen direkten Gegner gibt, bietet er wenig Spannung. Der Finalmodus, in dem immer wieder Schützen ausscheiden, bietet hier schon wesentlich mehr Anreiz. Auch der Finalmodus im Mixed-Team, wie zuletzt bei den olympischen Sommerspielen in Paris, bei dem 2 Teams direkt gegeneinander antreten, bietet viel Spannung. Ebenso haben die Wettkämpfe der verschiedenen Ligen, insbesondere natürlich die Bundesliga, wesentlich mehr Reiz durch den direkten 'Mann-gegen-Mann'-Modus, den eventuellen Shoot-Offs bei Unentschieden und dem K.-O.-System nach der Vorrunde. Diese Veranstaltungen werden auch im Live-Stream im Internet übertragen und erfreuen sich sowohl dort, als auch beim Publikum vor Ort großer Beliebtheit. Dennoch schafft es das Schießen nicht ins allgemeine Bewusstsein, wenn über Sport berichtet wird, außer es regnen Medaillen bei Olympia. Hier scheint es ein starkes Missverhältnis zu geben, denn der Deutsche Schützenbund ist auf der Liste des Spitzenverbände im DOSB mit über 1.300.000 Mitglieder auf Platz 5 gelistet.[120] Im Gegensatz dazu werden die großen Schützenumzüge, wie der Schützenausmarsch Hannover oder Schützenzug des Oktoberfestes im Fernsehen übertragen.

Die Schützen tragen also über das Brauchtum bereits zur kulturellen Identität bei. Bezogen auf die anderen Aspekte besteht noch Nachholbedarf.

Die Schießkunst hat das Potential Identität auf der Ebene der Werte zu stiften, die allgemeingültig und nicht nur auf die Schützen beschränkt ist. Sie vermittelt Respekt und Wertschätzung, die als universelle, einheitliche Werte der Gesellschaft gelten. Diese besitzen Allgemeingültigkeit, sodass durch das Teilen

---

120Vgl. Deutscher Olympischer Sportbund e.V. 2023, S. 14
    (online)

dieser Werte ein Gemeinschaftsgefühl entsteht. Wer also den 'Weg' beschreitet, verschafft sich so über das Training der Schießkunst Zugang zur Gesellschaft. Die Schießkunst hat ebenso wie die Schwertkunst oder der Tee-Weg ein universelles Grundgerüst, dass sie miteinander teilen, aber auch in der Außenwelt Bestand und Bedeutung besitzt.

Nachwort

Schießen ist eine Kunst. Es kommt nur auf die Perspektive an. Hōdō, der 'Weg des Schießens' ist eine neue Perspektive auf den Schießsport, die ihm jedoch schon immer innewohnte. Es geht insbesondere um die Abkehr von der ausschließlich auf das Treffen fokussierte Sportausübung. Denn «die rechte Kunst ist zwecklos, absichtslos»[121], wie Herrigel sagt. Hōdō zu praktizieren, ist Schießen um des Schießens und nicht um des Treffens Willen. Die Gründe Schießkunst zu praktizieren, decken sich mit denen, die der japanische Kendō-Verband für die Schwertkampfkunst ausgab. Sie dienen dem Zweck, Körper und Geist zu formen. Durch die kunstgerechte Übung wird nach der Vervollkommnung in der Kunst gestrebt, um mit anderen in einer offenen und ehrlichen Gemeinschaft zu leben. Die Ausübung der Kunst befähigt dazu, Höflichkeit und Ehre zu schätzen, die Heimat und

---

121Herrigel 2011, S. 40

Gesellschaft zu lieben und Kultur zu entwickeln.[122] Viele dieser Elemente finden sich auch im Schützenwesen und sind somit von Grund auf Bestandteil der Schießkunst.

Letztlich geht es in der Schießkunst um Respekt. Sie lehrt den Respekt vor anderen, den Respekt vor der Waffe, den Respekt vor sich selbst, den Respekt vor der Kunst. Heutzutage wird das Wort 'Respekt' ein wenig inflationär gebraucht. Es wird oft vergessen, dass es mit Achtung, Höflichkeit, Wertschätzung und Toleranz zu tun hat. Aber vor allem wird vergessen, dass es nicht nur ein Wort ist. Respekt muss gelebt werden. Genau dazu befähigt der 'Weg des Schießens'.

122Vgl. Broderick 2005, S. 8

Quellenverzeichnis

Beck, Hans-Joachim: Schützen und Schießen – eine Philosophie, in: Förderverein Deutsche Schützentradition (Hrsg.), Almanach 1996 - Historische Dokumente, Goslar 1995 - Treffen der Superlative, Gotha, 1996, Seiten 91-93.

Benesch, Oleg: Inventing the Way of the Samurai. Nationalism, Internationalism, and Bushidō in Modern Japan, Oxford, 2016.

Broderick, Jeff: Kendo. Traditionen · Grundlagen · Technik, 1. Auflage, Stuttgart, 2005.

Böhm, Werner: Gut gezielt, Schütze. Eine Kulturgeschichte des Schützenwesens, Hildesheim, 1999.

Bühlmann, Gaby, Reinkemeier, Heinz: Luftgewehr Schiessen 2010. Lehr- und Übungsbuch zum sportlichen Schießen mit dem Luftgewehr, 2. Auflage, Dortmund, 2009.

Bühlmann, Gaby, Reinkemeier, Heinz: Die Psyche des Schusses. Sport-Psychologie im Wettkampf, 2. Auflage, Dortmund, 2010.

Christensen, Lars: Intuitives Bogenschießen. 3.

Auflage, Göttingen, 2019.

Cummins, Anthony: The Book of Bushido. The complete guide to real Samurai chivalry, 1. Auflage, London, 2022.

Draksal, Michael: Mentale Wettkampfvorbereitung für Sportschützen. Das große Praxisbuch für Schützen und Trainer, 3. Auflage, Leipzig, 2009.

Hammitzsch, Horst: Zen in der Kunst des Tee-Weges. 8. Auflage, München,1997.

Herrigel, Eugen: Zen in der Kunst des Bogenschießens. München, 2011.

Hoff, Feliks F.: Kyudo. Die Kunst des japanischen Bogenschießens, 14. Auflage, Berlin, 2021.

Kammer, Reinhard: Zen in der Kunst, das Schwert zu führen. München, 2000.

Lanz, Karl Heinz, Tallau, Hermann: Lebendige Schützentradition. Aus vergangenen Feierstunden – Gründung 1861,Wiedergründung 1951, 100-Jahr-Feier in München 1961, in: Deutscher Schützenbund (Hrsg.), Wir Schützen - heute, Wiesbaden, 1987, Seiten 27-35.

Metzner, Adolf: »Zen« und der »Zweite Weg«, in: Deutscher Schützenbund (Hrsg.), Wir Schützen, Stuttgart, 1961, Seiten 101-102.

Michaelis, Hans-Thorald: Schützengilden. Ursprung – Tradition – Entwicklung, 1. Auflage, München, 1985.

Michaelis, Hans-Thorald: Lebendige Schützentradition. Über 1000 Jahre Schützengeschichte in Deutschland, in: Deutscher Schützenbund (Hrsg.), Wir Schützen - heute, Wiesbaden, 1987, Seiten 51-71.

Nitobe Inazo: Bushido. Der Ehrenkodex der Samurai, Köln, 2006.

von Opel, Georg: Schießen als Sport, in: Deutscher Schützenbund (Hrsg.), Wir Schützen, Stuttgart, 1961, Seiten 81-84.

Österle, Kurt: Zen im Weg des Bogens. Über die Kraft, aus der wir leben, 1. Auflage, Petersberg, 2016.

Perrin, Noel: Keine Feuerwaffen mehr. Japans Rückkehr zum Schwert, 1543-1879, Frankfurt am Main, 1982.

Schaarschmidt-Richter, Irmtraud: Teekunst - Environment und Geräte, in: Okakura Kakuzo, Das Buch vom Tee, 1. Auflage, Berlin, 1979, Seiten 115-133.

Wilkens-Sannemann, Rolf: Lebendige Schützentradition. Die letzten 25 Jahre - Stabilität und Umbruch, in: Deutscher Schützenbund (Hrsg.), Wir Schützen – heute, Wiesbaden, 1987, Seiten 37-49.

Tarver, D. E.: The Way of the Living Sword. Secrets of the Familiy Sword - Yagyu Munenori, Lincoln, 2003.

Online

Deutscher Olympischer Sportbund e.V. (2023): Bestandserhebung 2023, https://cdn.dosb.de/ user_upload/www.dosb.de/uber_uns/Bestandserhebu ng/Bestandserhebung_2023.pdf [abgerufen am: 14.03.2024]

Deutsche UNESCO-Kommission e.V. (2018): Bundesweites Verzeichnis Immaterielles Kulturerbe - Schützenwesen in Deutschland, https://www. unesco.de/kultur-und-natur/immaterielles-kulturerbe /immaterielles-kulturerbe-deutschland/schuetzenwe sen [abgerufen am:

16.09.2023]

Hall, Jeffrey (2023): What is Hojutsu?, http://www.martialartofthegun.com/whatis.html [abgerufen am: 03.11.2023]

Hall, Jeffrey (2023): Hojutsu In The Real World, http://www.martialartofthegun.com/Hojutsu-in-The-Real-World.html [abgerufen am: 03.11.2023]

Hammitzsch, Horst (1957): Zum Begriff „Weg" im Rahmen der japanischen Künste, NOAG 82 [online], https://www.oag.uni-hamburg.de/noag-archiv/noag-082-1957/hammitzsch.pdf [abgerufen am: 29.01.2024]

Japan Rifle Shooting Sport Federation (2022) : 日本ライフル射撃協会（JRSF）について, https://www.riflesports.jp/about/ [abgerufen am: 06.12.2023]

Knüsel, Jan (2023): Die heimliche Waffensammlung, asienspiegel [online], https://asienspiegel.ch/2013/05/die-heimliche-waffensammlung [abgerufen am: 18.09.2023]

Miliaresis, Grigoris A. (2023): Fire! Morishige-ryu Hojutsu and matchlocks, https://budojapan.com/feature-articles/fire/ [abgerufen am: 03.11.2023]

Nietzhold, Holger (2012): Dō und/oder Jutsu, https://www.karate-kyohan.de/do-undoder-jutsu/ [abgerufen am: 04.02.2024]

Okuhara, Matthew (2023): The Way of the Gun, https://www.gunsamurai.com/thewayofthegun [abgerufen am: 31.10.2023]

Shaffer, Richard C. (2017): Samurai Gaiden: Inatomi Sukenao, https://dickjutsu.wordpress.com/tag/inatomi-ryu/ [abgerufen am: 31.10.2023]